www.ingramcontent.com/pod-product-compliance
Lightning Source LLC
Chambersburg PA
CBHW070337190526
45169CB00005B/1933
* 9 7 8 1 5 3 5 2 4 6 7 2 9 *